BEI GRIN MACHT SICH IHR WISSEN BEZAHLT

- Wir veröffentlichen Ihre Hausarbeit, Bachelor- und Masterarbeit
- Ihr eigenes eBook und Buch - weltweit in allen wichtigen Shops
- Verdienen Sie an jedem Verkauf

Jetzt bei www.GRIN.com hochladen und kostenlos publizieren

Bibliografische Information der Deutschen Nationalbibliothek:

Die Deutsche Bibliothek verzeichnet diese Publikation in der Deutschen Nationalbibliografie; detaillierte bibliografische Daten sind im Internet über http://dnb.d-nb.de/ abrufbar.

Dieses Werk sowie alle darin enthaltenen einzelnen Beiträge und Abbildungen sind urheberrechtlich geschützt. Jede Verwertung, die nicht ausdrücklich vom Urheberrechtsschutz zugelassen ist, bedarf der vorherigen Zustimmung des Verlages. Das gilt insbesondere für Vervielfältigungen, Bearbeitungen, Übersetzungen, Mikroverfilmungen, Auswertungen durch Datenbanken und für die Einspeicherung und Verarbeitung in elektronische Systeme. Alle Rechte, auch die des auszugsweisen Nachdrucks, der fotomechanischen Wiedergabe (einschließlich Mikrokopie) sowie der Auswertung durch Datenbanken oder ähnliche Einrichtungen, vorbehalten.

Impressum:

Copyright © 2011 GRIN Verlag, Open Publishing GmbH
Druck und Bindung: Books on Demand GmbH, Norderstedt Germany
ISBN: 978-3-668-20406-5

Dieses Buch bei GRIN:

http://www.grin.com/de/e-book/288211/der-aufstand-von-heinrich-dem-juengeren-gegen-seinen-bruder-otto-i-in

Niels Schreiber

Der Aufstand von Heinrich dem Jüngeren gegen seinen Bruder Otto I. in der Analyse

GRIN Verlag

GRIN - Your knowledge has value

Der GRIN Verlag publiziert seit 1998 wissenschaftliche Arbeiten von Studenten, Hochschullehrern und anderen Akademikern als eBook und gedrucktes Buch. Die Verlagswebsite www.grin.com ist die ideale Plattform zur Veröffentlichung von Hausarbeiten, Abschlussarbeiten, wissenschaftlichen Aufsätzen, Dissertationen und Fachbüchern.

Besuchen Sie uns im Internet:

http://www.grin.com/

http://www.facebook.com/grincom

http://www.twitter.com/grin_com

Inhaltsverzeichnis

Einleitung 2

Hauptteil 2

Heinrich I. 2

Thankmars Rebellion 3

Heinrichs Aufstand gegen seinen Bruder 3

Gründe für Heinrichs Aufstand 6

Schlussteil 8

Zusammenfassung 8

Literaturverzeichnis 12

Einleitung

Ich werde mich nun im Folgenden mit dem Verlauf des Aufstandes von Heinrich dem Jüngeren gegen seinen Bruder Otto I. befassen und versuchen die Gründe für dessen Aufstand zu finden und zu klären inwiefern die Tatsache, dass Heinrich I. der erste König war, der sein Reich nicht unter seinen Söhnen aufteilte, Heinrich den Jüngeren beeinflusste. Ich werde auch versuchen zu klären welche Rolle ihre Mutter Mathilde bei diesen Aufständen spielte. Ich werde die Aufstände von Heinrich ausführlich wiedergeben und anschließend anhand einer Analyse von ausgewählten Primär- und Sekundärquellen eine Erklärung für Heinrichs Aufstände liefern.

Zu Beginn werde ich jedoch einen Überblick von der Herrschaft von Heinrich I. und von dem Aufstand von Ottos Halbbruder Thankmar geben, um die äußeren Umstände zu klären und eine Einführung in das Thema zu geben.

Hauptteil

Heinrich I.

Als im Mai 919 Heinrich I. in Fritzlar zum König gewählt wurde, war dies der Beginn einer neuen Dynastie. Denn Heinrich war kein Königssohn, sondern „nur" ein sächsischer Herzog. Nach Widukind hat der sterbende König, Konrad I., seinen Bruder Eberhard beauftragt Heinrich die Königsinsignien zu übergeben und ihn zum König zu ernennen.[1]

Heinrich I. hatte vier Söhne, von denen der älteste, Thankmar, aus seiner ersten Ehe mit Hatheburg stammte. Diese Ehe wurde allerdings von der Kirche annulliert, da Hatheburg vorher einem Kloster beigetreten war. Seine drei Söhne Otto (23.11.912), Heinrich (922) und Brun (925) gingen aus der 909 mit Mathilde geschlossenen Ehe hervor.

Während seiner Zeit als Herrscher befriedete, erweiterte und stabilisierte er das ostfränkische Reich, welches er zerrissen vorgefunden hatte. Des Weiteren regelte Heinrich I. die Nachfolge seines Hauses in der sogenannten „Hausordnung", welche Otto als König vorsah und Heinrich den Jüngeren mit Besitztümern bereicherte. Für den jüngsten Sohn Brun, war schon im Alter von 4 Jahren eine geistliche Laufbahn vorgesehen.[2] Sein Sohne aus erster Ehe, Thankmar, erhielt nichts, da er keine legitimer Nachfolger war und somit nur ein Recht auf das Erbe seiner Mutter besaß, welches ihm jedoch auch verwehrt blieb, da Heinrich I. den Besitz von Hatheburg nach der Annullierung der Ehe behielt und ihren Besitz später an seinen Sohn Heinrich weitergab. Am 2. Juli

---

[1] Theodor Schieder: Handbuch der europäischen Geschichte Band 1, Stuttgart 1976, S. 669.
[2] Hagen Keller: Die Ottonen, Originalausgabe, München 2001.

936 starb Heinrich I. und sein Sohn Otto wurde, wie vorgesehen, am 7. August 936 in Aachen zum König ernannt.

Thankmars Rebellion

Der Herrschaftsbeginn von Otto verlief nicht reibungslos, da er Entscheidungen traf, welche einige Adelige nicht gut fanden. So ernannte Otto I. den Grafen Gero zum Markgraf an der mittleren Elbe und Saale. Dies verärgerte mehrere Adelige, die sich übergangen fühlten und der Meinung waren, dass sie diese Stelle mehr verdient hätten, und seinen Halbbruder Thankmar, welcher daraufhin ein Bündnis mit dem Herzog Eberhard von Franken, dessen Vasallen ihren Verpflichtungen nicht mehr nachkamen, da sie sich ihm auf Grund der Nähe von Heinrichs d. Jüngeren gegenüber nicht mehr verpflichtet,[1] fühlten einging. Sie zogen gegen die Festung Belecke südöstlich von Soest und nahmen Heinrich den Jüngeren gefangen. Eberhard von Franken nahm Heinrich als Geisel, währen Thankmar mit seinen Männern raubend durch Westfalen zog und sich schließlich in der alten Eresburg festsetzte. Schon nach wenigen Wochen erschien Otto Ende Juli 938 mit einer großen Streitmacht und Thankmars Männer ergaben sich bei diesem Anblick kampflos. Thankmar zog sich in die Kapelle der Festung zurück und legte seine Waffen nieder. Dennoch wurde er von den ihm folgenden Männern getötet. Widukind beschreibt den Ablauf wie folgt: „Aber einer der Männer, Maincia mit Namen, durchbohrte Thankmar von hinten mit einem Speer durch ein an den Altar stoßendes Fenster und tötete ihn so am geweihten Ort"[2]. Dies geschah gegen Ottos Willen und er trauerte um seinen Halbbruder Thankmar, dennoch ließ er vier von Thankmars Helfern hinrichten. Nach der Niederlage Thankmars war die Situation für Eberhard aussichtslos und er bat Heinrich ihm zu vergeben[3]. Heinrich sprach für Eberhard bei seinem Bruder Otto vor und dieser verschonte Eberhard und verbannte ihn „nur" nach Sachsen. Doch schon nach einiger Zeit wurde er wieder von Otto als Herzog in Franken eingesetzt. Schon wenige Monate nach dem Aufstand Thankmars, rebellierte Heinrich der Jüngere gegen seinen Bruder Otto.

Heinrichs Aufstand gegen seinen Bruder

Im Jahre 938, nur ein paar Monate nachdem der Aufstand Thankmars gegen Otto niedergeschlagen worden war, ging Heinrich der Jüngere ein Bündnis mit Herzog Eberhard, Giselbert von Lothringen

---

[1] Hermann Kamp:Konflikte und Konfliktführung in den Anfängen der Regierung Ottos I., in: Matthias Puhle (Hg.), Otto der Große. Magdeburg und Europa, Mainz 2001, S. 169.
[2] Widukind von Corvey, Sächsische Geschichten, zitiert nach I. Grimm: Die Geschichtsschreiber der deutschen Vorzeit, Band 33, Leipzig 1931.
[3] Hermann Kamp: Konflikte und Konfliktführung in den Anfängen der Regierung Ottos I., in: Matthias Puhle (Hg.), Otto der Große. Magdeburg und Europa, Mainz 2001, S. 168.

und einigen Adeligen, die Otto als König nicht akzeptierten, gegen Otto ein. Sie wollten nach dem gelungenen Aufstand Heinrich den Jüngeren zum König wählen bzw. Giselbert wollte diese Gelegenheit nutzen und Lothringen von der Herrschaft des ostfränkischen Reiches "befreien".

Heinrich der Jüngere traf sich Anfang 939 mit seinen Verbündeten in Saalfeld an der Saale um über das weitere Vorgehen zu beraten. Die meisten von den Verbündeten wollten jedoch den Kampf von ihren Gütern fernhalten und so wurde der Beschluss gefasst, dass Heinrich den Aufstand mit Giselbert in Lothringen beginnen sollte.

Heinrich besetzte seine Burgen mit Verbündeten und reiste nach Lothringen zu Giselbert, um dort den Aufstand zu beginnen. Er traf bei den Lothringern auf volle Bereitschaft gegen Otto vorzugehen und so zog er mit Giselbert und dessen Streitmacht an den Rhein. Als Otto von der Reise Heinrichs nach Lothringen erfuhr, versammelte er seine Streitmacht und ritt mit ihr nach Dortmund zu einer Festung Heinrichs um im Falle eines bevorstehenden Angriffs ein Druckmittel zu haben. Die Besatzung der Burg ergab sich sofort ohne Kampf und Otto schickte den Burgvogt zu seinem Bruder Heinrich, um ihm von einer Auseinandersetzung abzuraten.[1] Heinrich ließ sich aber nicht von seinem Vorhaben abbringen und so wollte Otto mit seinen Männern den Rhein im März 939 bei Birten südlich von Xanten überqueren und seinen Bruder stellen. Da nur wenige Schiffe zur Verfügung standen, musste Ottos Streitmacht in Gruppen den Rhein überqueren. Als ein kleiner Teil den Rhein überquert hatte griffen Giselbert und Heinrich an. Otto und seine restlichen Truppen konnten nichts ausrichten, da sie nie rechtzeitig über den Rhein gekommen wären um noch in die Schlacht einzugreifen. Laut Widukind soll Otto sich vor Verzweiflung vor die Heilige Lanze geworfen haben und Gott um die Rettung seiner Truppen angefleht haben.[2] Der kleine Teil von Ottos Streitmacht hatte eigentlich keine Chance auf einen Sieg. Nur durch eine List gewannen Ottos Truppen die Schlacht. Ein See verhinderte den direkten Zusammenstoß mit Giselberts Truppen und die Sachsen teilten sich in zwei Abteilungen. Die Abteilung der Sachsen, die zu Pferd waren, ritt an die Seite der Lothringer und überraschte diese. Einige der Sachsen sprachen französisch und riefen den Lothringern zu, sie sollten fliehen.[3] Die Lothringer bemerkten in der Verwirrung nicht, dass die Rufe von ihren Feinden kamen und so flohen sie nach kurzer Zeit. Noch während des Kampfes setzte Otto mit dem Rest seiner Truppen über den Rhein über und verfolgte die Lothringer. Sein Bruder Heinrich wurde während des Kampfes verwundet und zog sich nach Sachsen zurück. Otto folgte ihm um einen Aufstand in seinem Herzogtum vorzubeugen und verbreitete die falsche Nachricht vom Tode Heinrichs, sodass viele Burgen, die Heinrich vorher für sich gewonnen hatte, sich wieder König Otto anschlossen.

---

[1]Helmut Hiller: Otto der Grosse und seine Zeit, München 1980, S. 72.
[2]Helmut Hiller: Otto der Grosse und seine Zeit, München 1980, S. 74.
[3]Helmut Hiller: Otto der Grosse und seine Zeit, München 1980, S. 74.

Heinrich besetzte die Merseburg, welche daraufhin von Otto belagert wurde. Da es mit damaligen Mitteln schwierig war eine besetzte Burg einzunehmen, konnte sich Heinrich dort 2 Monate halten. Allerdings musste er sich im Mai 939, aufgrund eines Versorgungsproblems, ergeben.

Trotz der Niederlage Heinrichs kämpften Eberhard und Giselbert weiter. Doch schon im Oktober 939 wurden die beiden endgültig besiegt, da Eberhard während einer Schlacht fiel und Giselbert auf seiner Flucht im Rhein ertrank. Heinrich, dem Otto bei der Belagerung Waffenruhe und freies Geleit zugesichert hatte, floh daraufhin zum französischen König[1], da er sich Otto immer noch nicht unterwerfen wollte. 940 kam es zu einer Versöhnung zwischen Otto und seinem Bruder Heinrich.

Es ist nicht sicher, ob Otto seinen Bruder daraufhin zum Herzog von Lothringen machte oder nicht, da die Quellen aus der Zeit verschiedene Versionen wiedergeben. So schreibt Widukind, dass Otto Heinrich einige Plätze in Lothringen überließ, aber Adalbert von Weißenburg schreibt, dass Otto Heinrich zum Herzge erhob. Der Geschichtsschreiber Flodoard berichtet sogar, dass Otto Heinrich die Herrschaft über Lothringen ganz überlassen habe[2].

Allerdings war die Herrschaft von Heinrich in Lothringen, wenn es eine gab, nicht von langer Dauer, da er schon im selben Jahr von den Lothringern vertrieben wurde und Otto den lothringischen Grafen Otto als neuen Herzog einsetzte.

Doch auch im Jahr 941 fand Otto keine Ruhe, denn die ständigen Kämpfe mit den Slawen im Nordosten des Reiches führten zu Unzufriedenheit der Adeligen. Zwar konnte Markgraf Gero die Angriffe der Slawen abwehren, jedoch forderten die Kämpfe immer wieder große Verluste und errungen nur wenige Gewinne. Otto wollte aber an seinem Markgraf festhalten und ersetzte Gero nicht. Heinrich machte sich die Unzufriedenheit der Adeligen zum wiederholten Male zu nutzen, um sie erneut als Verbündete gegen Otto zu gewinnen, indem er ihre Wut schürte und sie mit Geschenken bedachte. Sein Plan war, dass Otto am Osterfest 941 in Quedlinburg ermordet werden sollte und die Adeligen ihn anschließend zum König wählen sollten. Allerdings erfuhr Otto von diesem geplanten Attentat kurz vor dem Osterfest durch einen Verräter in den Reihen der Verräter und so umgab er sich bei diesem Fest mit seinen treuesten Vasallen und vereitelte so den Anschlag. Nach dem Fest ließ er die verratenen Verräter festnehmen und ihre Anführer hinrichten. Sein Bruder Heinrich entkam zum wiederholten Mal der Festnahme und floh, jedoch wurde er kurze Zeit später gefangengenommen und wurde in der Pfalz Ingelheim inhaftiert. Heinrichs Schicksal für diesen Umsturzplan sollte nach Ottos Willen von einem Fürstengericht verhandelt werden, da Otto sich anscheinend davor scheute seinen eigenen Bruder zu verurteilen, er wollte ihn aber auch nicht ungestraft lassen. An Weihnachten 941 gelangen es Heinrich mit Hilfe eines Diakons aus der Haft

---

[1]Helmut Hiller : Otto der Grosse und seine Zeit, München 1980, S. 81.
[2]Helmut Hiller : Otto der Grosse und seine Zeit, München 1980, S. 83.

in Ingelheim zu entkommen und nach Frankfurt zu fliehen, wo Otto auf dem Weg zum Morgengottesdienst war. Er warf sich zu Ottos Füßen und bat ihn um Vergebung, welche er auch von Otto bekam, obwohl sich Otto bewusst gewesen sein muss, dass er sich damit dem Vorwurf der Ungerechtigkeit aussetzte.[1] Nach diesem Vorfall erhob Heinrich der Jüngere nie wieder die Waffen gegen seinen Bruder Otto.

Gründe für Heinrichs Aufstand

In diesem Teil werde ich mich nun mit den verschiedenen, möglichen Gründen für Heinrichs Aufstand auseinandersetzen. Zunächst werde ich mich mit den Aussagen Widukinds beschäftigen und anschließend einen genaueren Blick auf die Umstände werfen.

Widukinds Begründung für den Aufstand von Heinrich ist sehr einfach und beginnt schon zu der Zeit von Thankmars Aufstand, als Heinrich die Geisel von Herzog Eberhard war. Wie in der Einleitung beschrieben, wurde Thankmar während einer Schlacht getötet und anschließend zog Otto gegen Eberhard, welcher sich bei dem Eintreffen von Ottos Truppen Heinrich zu Füßen warf und ihn um Vergebung bat.

Widukind beschreibt Heinrichs Reaktion wie folgt:

„ Heinrich nämlich war um diese Zeit noch sehr jung und von heißem Blute; und so verzieh er ihm, verlockt nach dem maßlosen Drang nach Herrschaft, sein Verbrechen unter der Bedingung, dass er mit ihm eine Verschwörung gegen den König, seinen Herrn und Bruder, einging und ihm, wenn es möglich wäre, die Krone des Reiches aufsetze"[2].

Dieses Zitat zeigt, dass Widukind den Ursprung von Heinrichs Aufstand einfach in seiner Jugend und seiner Herrschsucht sah. Da wir wissen, dass wir nicht alles, was Widukind schreibt für wahr ansehen können bzw. seine Aussagen hinterfragen müssen, werde ich mich jetzt mit den genaueren Umständen beschäftigen, da ich diese Begründung für zu einfach halte, auch wenn sie ein wenig Wahrheit beinhaltet, und in verschiedenen Quellen Verweise gefunden habe, die an eine Mitschuld von Heinrichs und Ottos Mutter, Mathilde, glauben lassen.

Denn schon kurz nach seiner Krönung zum König entstand ein heftiger Konflikt zwischen Otto und seiner Mutter Mathilde. Otto nahm sich ein Teil ihres Witwengutes und wandelte das Servatius-Stift in eine Reichskirche um. Dies ist durch Ottos Diplom Nr.1 belegt[3]. Er wollte dort einen Gedächtnisort für seine Königsdynastie erschaffen und in diesem stand das Grab seines Vaters im

---

[1] Helmut Hiller : Otto der Grosse und seine Zeit, München 1980, S. 89.
[2] Widukind von Corvey, Sächsische Geschichten, zitiert nach. I. Grimm: Die Geschichtsschreiber der deutschen Vorzeit, Band 33, Leipzig 1931.
[3] Johannes Laudage: Otto der Große, Regensburg 2001, S. 110.

Vordergrund. Obwohl seine Mutter später auch dort begraben werde sollte, konnte sich nicht nach ihrem Willen mit dem Stift verfahren.

Diesen Vorgang bewertet die älteste Lebensbeschreibung von Mathilde als Entzug der „dotalis pars regni", was so viel heißt, dass sie aus dem Teil, der ihr durch ihre Ehe mit Heinrich I. übertragen worden war, heraus gedrängt wurde [1]. Daraus lässt sich schließen, dass an den Aussagen verschiedener Quellen, wie zum Beispiel Flodoard von Reims[2], dass Mathilde ihren Sohn Heinrich lieber als König gesehen hätte, etwas Wahres ist.

Allerdings glaube ich, wie Winfried Glocker, Martin Lintzel und Friedrich Martin Fischer, nicht, dass sie hinter den Aufständen von Heinrich steht, sondern eher ihn nur bei seinen Plänen unterstützt hat. Für diese Theorie spricht auch, dass nach der von Königin Edgith, Ottos zweite Frau, organisierten Versöhnung von Otto und seiner Mutter, Heinrich nie mehr zu den Waffen griff, um Otto zu stürzen[3].Diese Theorie wird auch von Theodor Schieder unterstützt[4].

Eine weitere Ursache sieht der Geschichtsschreiber Liudprand in der Tatsache, dass Heinrich der Jüngere zu der Zeit geboren wurde, als sein Vater schon König war. Otto wurde geboren als Heinrich I. noch nicht einmal Herzog war. Laut Liudprand soll Eberhard zu Heinrich dem Jüngeren gesagt haben: „Glaubst du, daß [sic!] Dein Vater recht gehandelt hat, indem er Dir, dem in der königlichen Würde Geborenen, einen Sohn vorzog, den er nicht als König gezeugt hat?"[5]. Es ist zwar sehr unwahrscheinlich, dass diese Rechtsvorstellung der Grund für Heinrichs Aufstand war, aber diese Überlieferung enthält, wie ich finde, ein wenig Wahrheit. Ich denke, dass Heinrich sich viel darauf einbildete, dass er nach seinem Vater benannt wurde und nicht sein älterer Bruder. Dadurch war er natürlich anfällig für die Einflüsterungen derer, die Otto nicht als König wollten.

Ich denke, dass Heinrich nicht von Anfang an König sein wollte, sondern eher durch die Umstände und verschiedene Manipulierungen anfing gegen seinen älteren Bruder vorzugehen. Dieser Ansicht ist auch Winfried Glocker, der in seinem Buch schreibt, dass Eberhard und Giselbert Heinrich nur benutzten, um ihre eigenen Leute zu motivieren um gegen den König vorzugehen.[6] Die Aussage Widukinds, dass Heinrich einen Drang nach Herrschaft hatte und deswegen gegen Otto vorging, halte ich für teilweise richtig. Durch die Hausordnung von Heinrich I. besaß Heinrich der Jüngere Güter und Reichtümer wie ein König, aber er besaß sein politisches Amt und verfügte über keine Möglichkeit mitzuregieren.

---

[1]Johannes Laudage: Otto der Große, Regensburg 2001, S. 111.
[2]Hagen Keller: Die Ottonen, Originalausgabe, München 2001, S. 29.
[3]Hagen Keller: Die Ottonen, Originalausgabe, München 2001, S. 32.
[4]Theodor Schieder: Handbuch der europäischen Geschichte Band 1, Stuttgart 1976, S. 682.
[5]Johannes Laudage: Otto der Große, Regensburg 2001, S. 125.
[6]Winfried Glocker: Die Verwandten der Ottonen und ihre Bedeutung in der Politik, Köln 1989, S. 64.

Dies muss für Heinrich den Jüngeren frustrierend gewesen sein. Wenn man dann noch bedenkt, dass seine Mutter sich mit Otto nicht gut verstand und viele Adelige Otto nicht als König wollten, liegt es für mich sehr nah, dass Heinrich der Jüngere eher in diese Aufstände hineingezogen wurde. Hierfür spricht auch die Tatsache, dass nach der Niederlage Heinrichs im Mai 939 Eberhard und Giselbert weiterkämpften und sich nicht ergaben. Wäre Heinrich ihr Anführer gewesen, hätten sie sich nach seiner Niederlage ergeben, da es keinen Sinn mehr gemacht hätte für ihn zu kämpfen.

Auch wenn der geplante Mordanschlag auf seinen Bruder Otto daraufhin deutet, dass Heinrich die Alleinherrschaft wollte, denke ich, dass dies nicht von Anfang an sein Wille war. Denn Otto lies seinem jüngeren Bruder eigentlich keine andere Wahl, da er seine Macht nicht teilen wollte, wie es aus dem Diplom Nr. 1 zum Prinzip der Individualsukzession hervorgeht[1]. Ich glaube, dass Heinrich, wenn Otto ihn mit einem Amt oder Rang ausgestattet hätte, zufrieden gewesen wäre. In diesem Punkt widerspreche ich Winfried Glocker, der der Ansicht ist, dass Heinrich die ganze Zeit über die Alleinherrschaft für sich haben wollte.[2] Für meine Meinung spricht die Zeit als Heinrich nach seinem ersten Aufstand in Lothringen war und anscheinend ein wenig Macht besaß, denn zu dieser Zeit schmiedete er keine Umsturzpläne und verhielt sich ruhig. Für diese These spricht auch, dass nach der Versöhnung von Otto und Mathilde, Heinrich und auch sein Bruder Brun mehr in die Herrschaft eingebunden wurden und wichtige Stützen Ottos waren, als Heinrich zum Herzog von Bayern und Brun Erzbischof von Köln wurde. Hrotsviths schreibt, dass „die Brüder dem Reich gemeinsam voran" standen, „wobei zwei von ihnen dem regierenden Einen untertan waren"[3]. Dies alles deutet drauf hin, dass Heinrich nur an der Macht teilhaben wollte und nicht unbedingt selber König sein wollte. Des Weiteren zeigt dies alles auch, dass die Hausordnung von Heinrich I. nicht alleine an Heinrichs Aufstand schuld war.

Schlussteil

Zusammenfassung

Wenn man diese verschiedenen Aussagen betrachtet, fällt es schwer Heinrich den Jüngeren richtig einzuschätzen, da die Aussagen sich zu stark unterscheiden.

Widukinds Aussage, dass Heinrich der Jüngere einfach nur einem Drang nach Herrschaft hatte, kann ich nicht so richtig glauben, genauso wenig, wie die Meinung, dass Heinrichs und Ottos Mutter, Mathilde, Heinrich diese Idee in den Kopf setzte.

---

[1] Johannes Laudage: Otto der Große, Regensburg 2001, S. 125
[2] Winfried Glocker: Die Verwandten der Ottonen und ihre Bedeutung in der Politik, Köln 1989, S. 67.
[3] Johannes Laudage: Otto der Große, Regensburg 2001, S. 126.

Ich denke viel mehr, dass in allen Aussagen ein wenig Wahrheit steckt. Meiner Meinung nach spielte auch die Hausordnung von König Heinrich I. eine wichtige Rolle.

Durch seine Hausordnung fühlte sich Thankmar um sein Erbe als Erstgeborener und auch um das Erbe seiner Mutter gebracht, da Heinrich der Jünger viele Güter aus dem Besitz seiner Mutter bekam. Und so nutzte er die Unzufriedenheit einiger Adeliger um sich gegen Otto den Großen zu erheben.

Heinrich der Jüngere wurde zwar in der Hausordnung nicht von seinem Vater, König Heinrich I. übergangen, aber bekam "nur" Besitztümer. Er konnte leben wie ein hoher Adeliger oder sogar wie ein König, aber er besaß keinen Rang und auch kein Amt. Daher, so denke ich, muss ihm sein Besitz wertlos vorgekommen sein. Dazu kam, dass seine Mutter Mathilde ihn lieber mochte als ihren Sohn Otto, da sie mit ihm einige Differenzen hatte, nachdem er zum König gekrönt wurde.

Wie ich schon sagte glaube ich nicht, dass sie ihrem Sohn Heinrich die Idee eines Aufstandes in den Kopf setzte, aber ich glaube schon, dass sie ihm Recht gab, als er der Meinung war, dass er König sein solle. Diese Idee, denke ich kam Heinrich durch mehrere Zustände. Er war unzufrieden damit, dass er keinen Rang oder kein Amt bekleidete und war daher anfällig für die Einflüsterungen derer, die Otto nicht auf dem Thron sehen wollten wie z.b. Herzog Eberhard. Nachdem sein älterer Halbbruder Thankmar für seine Stellung gekämpft hatte, schien es, so glaube ich, auch für Heinrich den Jüngeren nicht zu schlimm sich gegen seinen Bruder zu erheben und um sein, wie er glaubte, Recht zu kämpfen.

Hier scheiden sich die Geister, den keiner weiß, was Heinrich der Jüngere wirklich mit seinem Aufstand erreichen wollte. Winfried Glocker ist der Ansicht, dass Heinrich von Anfang an sich die Alleinherrschaft sichern wollte. Für seine These spricht das geplante Attentat von Heinrich auf seinen Bruder Otto bei dem Osterfest 941 in Quedlinburg. Für seine These spricht auch, dass Heinrich trotz seiner Niederlage bei Birten immer noch Anhänger fand, die bereit waren ihn zu unterstützen. Dies legt nah, dass diese Anhänger hinter ihm standen und Heinrich den Jüngeren schon 936 zum König wählen wollte, sich jedoch in der Unterzahl befanden und so Otto gewählt wurde. Hierfür spricht auch die Milde Ottos gegenüber seinem jüngeren Bruder Heinrich, da ihm bewusst war, dass Heinrichs Ansprüche nicht ganz unberechtigt waren und Heinrich seine Herrschaft mit seinen Verbündeten ernsthaft in Gefahr bringen könnte.

Johannes Laudage vertritt eine andere Meinung. Er glaubt eher, dass Heinrich mit der Situation, in der er sich befand (reich, aber ohne politische Macht), unzufrieden war und mit seinen Aufständen versuchte sich eine wichtigere Stellung im Reich zu erkämpfen und das geplante Attentat nur zu

Stande kam, da Otto es klargemacht hatte, dass er seine Macht nicht teilen werde und somit Heinrich keine andere Wahl blieb, als ihn zu töten.

Ich schließe mich auch eher der Meinung von Johannes Laudage an, da, wie ich finde, noch einige Argumente darauf hin deuten.

Heinrich der Jüngere erhob sich nicht sofort nach der Wahl Ottos zum König gegen ihn, sondern erst 2 Jahre danach. Er erlebte den Versuch seines Halbbruders sich sein recht zu erkämpfen und wurde sogar als Geisel genommen. Ich denke mir, dass nach Thankmars Niederlage Herzog Eberhard schon da versucht hat Heinrich gegen Otto aufzuhetzen. Wenn man an das Zitat von Liudprand denkt: „Glaubst du, daß [sic!] Dein Vater recht gehandelt hat, indem er Dir, dem in der königlichen Würde Geborenen, einen Sohn vorzog, den er nicht als König gezeugt hat?"[1], kann ich mir vorstellen, dass dies Heinrich endgültig gegen seinen Bruder aufbegehren lies. Auch die Tatsache, dass die Aufstände nicht sofort mit der Gefangennahme Heinrichs endeten lässt darauf schließen, dass Heinrich der Jüngere nicht der Anführer war.

Alles in allem denke ich, dass Heinrich nicht von Anfang an nach der Alleinherrschaft trachtete, sondern nur nach einem Teil und er durch den Einfluss anderer auf ihn sich gegen seinen Bruder erhob. Daher war er auch später mit seinem Bruder Brun eine wichtige Stütze Ottos, nachdem dieser Heinrich den Jüngeren zum Herzog von Bayern ernannt hatte und ihm viele Freiheiten bei seiner Herrschaft lies.

Die Frage, nach dem Einfluss der Tatsache, dass Heinrich I. der erste König war, der sein Reich nicht teilte, lässt sich nun beantworten. Ich denke, dass die Hausordnung Heinrichs I. schon eine gewisse Rolle bei den Aufständen von Heinrich dem Jüngeren spielte, aber die Tatsache, dass dies die erste Nicht-Teilung eines Reiches war, wurde in keiner der Quellen erwähnt und daher denke ich, dass diese Tatsache nicht viel mit dem Aufstand Heinrichs zu tun hatte. Ich denke, dass Heinrich sich gegen seinen Bruder erhoben hätte, auch wenn die Nicht-Teilung eines Königreiches schon immer stattgefunden hätte, da zu viele Adelige nicht mit den Entscheidungen Ottos zufrieden waren und somit lieber Heinrich als König wollten. Die Frage nach der Rolle Mathildes lässt sich mit den benutzten Quellen auch beantworten. Ich denke, dass sie ihren Sohn Heinrich höchstens in seiner Meinung bekräftigt hat, aber sie hat ihm keine Hilfe im Kampf gegen seinen Bruder Otto zukommen lassen. Sie hatte vielleicht einige Differenzen mit ihrem ältesten Sohn, aber ich glaube nicht, dass sie die Idee eines Aufstandes Heinrich gab.

Heinrich der Jüngere wurde einfach von so vielen Menschen beeinflusst, sodass es eigentlich nicht möglich ist seine Beweggründe eindeutig festzustellen. Es gibt Indizien die für verschiedene

---

[1] Johannes Laudage: Otto der Große, Regensburg 2001, S. 125.

Gründe sprechen und für mich sieht es danach aus, als hätte Heinrich nicht nach der Alleinherrschaft getrachtet, sondern nur nach ein wenig mehr Ansehen in Form eines Ranges oder Amtes.

Literaturverzeichnis

1. Theodor Schieder: Handbuch der europäischen Geschichte Band 1, Stuttgart 1976

2. Hagen Keller: Die Ottonen, Originalausgabe, München 2001

3. Widukind von Corvey, Sächsische Geschichten, zitiert nach I. Grimm: Die Geschichtsschreiber der deutschen Vorzeit, Band 33, Leipzig 1931

4. Helmut Hiller: Otto der Grosse und seine Zeit, München 1980

5. Johannes Laudage: Otto der Große, Regensburg 2001

6. Winfried Glocker: Die Verwandten der Ottonen und ihre Bedeutung in der Politik, Köln 1989

7. Matthias Puhle: Otto der Große; Magdeburg und Europa, Mainz am Rhein 2001

BEI GRIN MACHT SICH IHR WISSEN BEZAHLT

- Wir veröffentlichen Ihre Hausarbeit, Bachelor- und Masterarbeit

- Ihr eigenes eBook und Buch - weltweit in allen wichtigen Shops

- Verdienen Sie an jedem Verkauf

Jetzt bei www.GRIN.com hochladen und kostenlos publizieren